Buurvrouw

Auke van der Berg

Buurvrouw

Uitgeverij Rheia
2015

© Auke van der Berg, 2015
DTP & omslag: BuroBouws, Amsterdam

Alle rechten voorbehouden.
Uitgeverij Rheia
Vroedschap 28
1412 NW Naarden

www.rheia.nl
info@rheia.nl

ISBN 9789492010094

INHOUD

THUIS

Plotseling was daar de dood. En liepen we met haar gekiste lichaam door dat regenachtige straatje in het provinciestadje. Twee voorbijgangers probeerden onzichtbaar te worden door zich zo klein mogelijk te maken tegen de huizenwand. Een bouwvakker deed zijn pet af, boog het hoofd. Een fietser haastte zich een zijstraat in.
De dood, die kom je liever niet onder ogen.

Na al die jaren weet ik dat ze altijd blijven, al die doden. Op onverwachte momenten duiken ze op. Nu de een, dan de ander.
Je vertelt dit maar als troost aan haar kinderen.
Ze blijft. Altijd.
Voor wijsheid koop je op sommige dagen niet zo veel.

Even lijkt het alsof de tijd het kalmer aan doet.
Een laagje treurnis vertraagt het leven.

Maar vanochtend in het koffiehuis is alles weer
gewoon. Ome Henk kijkt naar de foto voorop
de krant. Onze koning en koningin staan klein
te zijn in het Kremlin.
'Snap je nou dat die mensen bij die Poesjkin op
bezoek gaan?', moppert ome Henk.
'Je leest te veel', stelt Harm vast.
Ik ben weer thuis.

PREDIKER

'Hé, meneer.'
Vijfendertig jaar geleden zat hij iedere dag
in de coffeeshop hier om de hoek. Hij viel op
tussen de punkers en newwavers door zijn pak,
overhemd en stropdas. De nonchalante lok
bewees dat hij wist hoe een kuif het recht kreeg
op die naam.
Nu steekt hij de straat over en loopt op me af.
Alles heeft hij geprobeerd en uitgebreid getest
in die voorbije jaren. Coke, heroïne en alcohol
vroegen en vragen voortdurend om aandacht.
Ze hebben hun sporen nagelaten.
'Ik zie u al heel lang in de buurt', zegt hij, 'en ik
wil het toch een keer zeggen.'
Ik kijk hem nieuwsgierig aan.
'U bent altijd zo goed gekleed.'
Hij wacht even.
'En dit zeg ik niet omdat ik geld ga vragen',

voegt ie er dan aan toe. 'Al kan ik het wel gebruiken natuurlijk.'

Twee euro later loop ik tevreden verder. Ik trek even aan de linkermouw van mijn colbert en kijk naar de spiegeling in de etalageruit.

BOODSCHAPPEN

Ze staat al een paar minuten naar de
melkproducten te kijken. Ik wacht geduldig.
'Oh, sorry', zegt ze, 'sta ik in de weg?'
'Ik heb alle tijd', antwoord ik.
'Ik weet niet wat ik moet kiezen.'
Ze is rond de vijftig. Haar donkerbruine haar
verliest terrein aan al die tinten grijs. Haar
ogen laten zien dat de tijd van dromen allang
vergeten is.
'Ik had zes weken geen geld', vertelt ze, 'Mijn
uitkering was stopgezet. Een foutje, zeiden ze.'
Ik knik goedmoedig.
'Eerst dacht ik aan biefstuk. Dat leek me lekker.
Maar nu weet ik het niet meer. Er is veel te
veel.'

Vijf minuten later sta ik bij de kassa.
'Ik hou het hier maar bij', hoor ik achter me.

Ze zet zes blikjes bier op de band.
'Ik had ook dorst', zegt ze, 'dat ga ik eerst oplossen.'

NIEUW

'Rozenberg, goedemorgen.'
'Dokter, ik kan niet meer uit bed komen.' Haar
stem klinkt hees. Ze ademt zwaar.
'U heeft het verkeerde nummer gedraaid,
mevrouw', antwoord ik routineus.
In ieder geval een keer per week krijgen we een
telefoontje bestemd voor de huisartsenpraktijk
hier om de hoek. Je hoeft maar twee cijfers om
te keren en je zit goed.
'Ik versta u niet', hijgt de vrouw.
'U moet het nummer even opnieuw draaien',
zeg ik met iets luidere stem.
'Ik heb het ook nogal benauwd. En mijn dochter
belt net dat ze niet kan komen. Griep.'
Nog een keer probeer ik, nu met
stemverheffing, duidelijk te maken dat ze
opnieuw moet bellen.
'Wat klinkt u streng', zegt ze, 'Bent u nieuw?

Ik wil niet dat u komt. Mevrouw is altijd vriendelijk.'

GELUK

Ome Henk frummelt wat aan zijn
gehoorapparaat terwijl de huizenprijzen
worden besproken.
De crisis is zichtbaar in de vroege ochtenduren
in het koffiehuis. Een groot deel van de
bouwvakkers die tot begin dit jaar voor een
goedgemutste start van de dag zorgden, is er
niet meer.
'Heel Noord-Holland ligt stil', weet Bert die nog
net het hoofd boven water weet te houden.
'Heb je gehoord dat Hans van de steiger is
gevallen? Heeft ie een mooie klus, gaat ie erbij
liggen', meldt Jan.
'Heb je gezien wat dat pandje hier verderop
kost?', vraagt Simon, 'wat een prijzen.'
Ome Henk kijkt op.
'Ik heb ook een keer een prijs gewonnen',
bromt hij ineens.

De tafel valt stil.

'Een enkele reis Parijs', vervolgt ie, 'gewonnen bij de loterij van de zwemvereniging.'

We kijken naar de winnaar.

'Een enkele reis?', vraagt Jan.

'Meer geld hadden ze niet, denk ik', zegt ome Henk.

'Weet je zeker dat dat de reden was?'

Ome Henkie knikt. 'Natuurlijk. Ik had het geld ook niet voor de terugreis. Ik heb die prijs teruggegeven.'

'En toen kreeg je niks?'

'Nee', zegt oom Henk, 'het was die enkele reis of niks.'

'En jij had niks in de smiezen?', grijnst Jan.

'Het was de hoofdprijs', zucht ome Henk, 'verder heb ik nooit van me leven wat gewonnen.'

'Geef ome Henk een koffie van mij', bestelt Jan, 'heeft ie nog es geluk.'

BLUNDER

Ik had hem al een tijd niet gezien. Hij ziet er
bleek en magertjes uit. Hij leunt op zijn stok.
'Wat is er met jou gebeurd?', vraag ik.
'Ik werd een half jaar geleden ineens ziek. Wel
tien zweren in mijn maag', zucht hij, 'ik moet
binnenkort voor de vierde keer geopereerd
worden.'
Zijn dikke buik is verdwenen, zijn bolle wangen
zijn nu ingevallen en bleek.
Ooit vermaakte hij me als hij zijn daklozenkrant
stond te verkopen, met wonderlijke verhalen
over de miljoenendeals die hij sloot met Unilever
en andere multinationals. Altijd was ie in een
stralend humeur.
'Je ziet er inderdaad nogal getekend uit', stel ik
vast.
'Een paar maanden geleden dacht ik op een
ochtend dat ik dood zou gaan. Zo ziek was ik.

Toen heb ik de Heer aangesproken.'

'Wat heb je gezegd?', vraag ik.

'Dat ik het niet zou accepteren als ik nu al dood zou gaan.'

'En dat heeft zo te zien geholpen', zeg ik.

'Natuurlijk', zegt ie, 'dit was duidelijk een fout.'

'Toch mooi dat Hij naar je luistert', concludeer ik.

'Ik had niet anders verwacht. We kennen elkaar bijna vijftig jaar. Dan mag ik Hem echt wel op een blunder aanspreken. Het is wel mijn leven.'

KLIEK

'U geeft interessante boeken uit.'
'Dat is altijd plezierig om te horen', antwoord ik.
'Ik heb een boek over de crisis geschreven',
vervolgt de man, 'het zijn maar 70 pagina's.'
'Dat is te overzien', zeg ik.
'Ik leg uit waarom de crisis er is. Het heeft met
het klimaat te maken. Kijkt u maar eens naar de
wereldkaart. Hoe warmer, hoe armer.'
'En u heeft ook een oplossing?'
'Nee', zegt de man', je kunt moeilijk allemaal op
de Noordpool gaan wonen.'
'En dat is het wat u ons uitlegt?', vraag ik.
'Ja, want je moet toch eerst de oorzaak weten
voor je aan een oplossing kunt denken.'
'Dat is waar.'
'U klinkt niet geïnteresseerd. U hoort zeker bij
die kliek', klinkt het beschuldigend.
'Welke kliek?', vraag ik wat verbaasd.

'Van mensen die alles bij het oude willen
houden. Zolang wij het maar goed hebben.'
Verrast door deze uitval, ben ik even stil.
'Ik hoor het al, ik heb gelijk', stelt de man vast,
'u zegt niets meer. Ik zoek wel een uitgever die
verder kijkt.'

HET SYSTEEM

'Fuck the system' staat op de betaalautomaat gespoten.

'Waarom maakt u een foto?', vraagt ze, 'vindt u dit leuk?'

'Je weet nooit of je het nog een keer kunt gebruiken', antwoord ik.

'Bent u fotograaf?'

'Nee', zeg ik, 'maar ik maak wel vaker foto's van dingen die me opvallen op straat.'

'Wat doet u daar dan mee?', vraagt ze. Op strenge toon. Ze komt net boven haar rollator uit.

'Ja, bewaren', zeg ik onhandig.

'Voor later zeker', klinkt het schamper.

Ik haal mijn schouders op.

'Alsof die automaat er wat aan kan doen', zegt ze, 'die geeft alleen maar geld. Het zijn mensen die het je afpakken.'

Ze zet haar rollator weer in beweging.
'Maak daar maar es een foto van', snerpt ze.

ICT

'Spreek ik met een uitgeverij?'
'Ja.'
'Ik heb een boek geschreven.'
'Dat klinkt goed', zeg ik vriendelijk.
'Ik wilde vragen of u dat uit wilt geven.'
'Dat kan ik zo niet zeggen, mevrouw. Dan zal ik
het eerst moeten lezen.'
'Dat begrijp ik. Kan ik het morgen komen
brengen?'
'Ik denk dat het beter is dat u ons eerst een
mail stuurt waarin u vertelt wat u geschreven
hebt. U mag er een hoofdstuk bij doen.'
'Het is filosofie.'
'Dat is interessant. Al geven wij geen filosofie
uit.'
'Maar u kent vast wel iemand die dat doet.
Misschien wilt u het even lezen en mij dan
adviseren naar wie ik toe moet gaan.'

Ze aarzelt even.

'Ik heb het niet gestudeerd, hoor. Filosofie.
Maar ik denk wel veel na. Er is een hoop onzin
in de wereld.'

'Dat is waar', moet ik beamen, 'stuurt u mij
maar een email.'

'Dat kan niet', zegt ze, 'ik doe niet aan ICT.'

DE WERELD

Niets lijkt veranderd. De straatsteentjes waarop mijn kleine klompjes ooit roffelden, liggen rustig te wachten op de volgende passant. Het kerkje uit de 15e eeuw, verscholen tussen de bomen, staat kalm naar het weiland te kijken waar ik, vier jaar oud, ontdekte dat de wereld niet stilstond.
'Ga maar es liggen', zei mijn zusje, 'en kijk dan naar de lucht.'
Misselijk werd ik.
En ik begreep dat het niet alleen maar rozengeur was wat me te wachten stond.

KEUZEMENU

'Rozenberg, goedemorgen.'
'Ben je Joods?'
'Pardon?', zeg ik, 'waarom vraagt u dat?'
'Je heet toch Rozenberg?'
Dit wordt vast geen bestelling.
'En?', vraag ik.
'Zijn ze vergeten je ouders op te ruimen?'
Dan hangt ie op.
Ik kijk naar het keuzemenu.
'Onbekend nummer', staat er.
Ik kijk naar de nagel van mijn linker wijsvinger.
Ik heb dat ding wat te kort afgeknipt. Dat ergert
me al een paar dagen.

CENTRAAL STATION

'Ik dacht dat ik hem zag lopen.'
Ze kijkt me verbaasd aan.
'Precies dezelfde motoriek. En zo'n jasje. Weet
je nog, dat blauwe, dat hij altijd droeg?'
Ik knik.
'Ik schrik ervan. Zo onverwacht.'
Ze aarzelt.
'En dat na al die jaren.'

DE OUDE DAG

'Wanneer weet je nu dat je oud bent?'
Hij kijkt me aan.
De pupillen zijn groot.
'Op zekere dag', zeg ik.
Hij lacht. 'Je wordt wakker en dan weet je het,
bedoelt u?'

In zijn lange zwarte haar en baard trekken grijze
banen hun spoor.
'Ik schrik zo nu en dan als ik voor de spiegel
sta', vervolgt hij, 'kijk ik maar een tijdje niet.'
Hij wacht even.
'Ik weet ook niet of ik pensioenopbouw heb',
zegt ie dan.
Verbaasd kijk ik hem aan.
Maar inderdaad, ook jarenlang gebruik is
ploeteren geblazen. Vermoedelijk zijn er weinig
rechten aan verbonden.

'Ik heb me er nooit zo in verdiept', gaat hij verder, 'had het te druk met alles. Over zeven maanden krijg ik AOW en ik vraag me af of dat wel genoeg is. Ik heb nu al een jaar of twintig een uitkering. Maar ik ben vroeger getrouwd geweest. Zij had een goede baan en ze zeggen dat ik over die jaren pensioen krijg. Weet u hoe dat zit?'
'Nee', antwoord ik, 'daar weet ik niets van.'
Ik heb hopelijk betere dagen, want dan vraagt hij: 'Heeft u al AOW?'

DIEREN

'Mag ik even bij je komen zitten?'
Het buurmeisje dat vaker aanschuift als ik de
krant wil lezen op het vertrouwde terras gaat
in afwachting van mijn knikje alvast naast me
zitten.
'Drink je bier?', vraagt ze. Ze duwt haar lange,
zwarte lokken opzij.
'Nee', zeg ik, 'koffie.'
'Wil je een paar chips?' Ze pakt een handjevol
uit haar rode tasje. Ik schud mijn hoofd.
'Lust jij rabarber?'
'Ja, dat vind ik lekker', antwoord ik, 'maar dan
wel met veel suiker gemaakt.'
'Ik lust het niet', zegt ze, 'wat eet jij niet?'
'Daar moet ik over nadenken, maar
pompoensoep bijvoorbeeld hoef ik niet iedere
dag.'

Ze kijkt naar Willem, de cafékat die op het tafeltje naast ons ligt.

'Hou je van dieren?'

Ze kijkt me aan nu Herman voor ons tafeltje staat. Ik geef toe.

'Mag ik een fristi met een ijsblokje?', bestelt ze. Ik vouw de krant maar op. 'Wat las je?'

'Het nieuws', antwoord ik.

'Je mag wel verder lezen', zegt ze voor ze de volgende vraag stelt. 'Wat was het nieuws?'

'Dat weet ik niet. Ik had nog maar een paar regels gelezen en toen kwam jij.'

'Dank u wel', zegt ze, haar drankje wordt gebracht.

Ze kijkt weer naar de krant.

'Donderdag ben ik jarig', vertelt ze, 'dan word ik tien. Mama komt een paar uur thuis.'

'Dat is mooi', antwoord ik, 'hoe gaat het nu?'

'Niet zo goed, zegt papa.' Ze schudt haar hoofd. Een bootje tuft puffend voorbij. Een donkere wolk komt dichterbij.

'Je hebt nog geen antwoord gegeven op mijn vraag', zegt ze, 'hou je van dieren?'

DE DRUKKER

'Ik weet dat u een uitgeverij bent, maar kan ik
ook een boek bij u laten drukken?'
'Ik kan u het adres van onze drukker geven',
antwoord ik.
'Ik wil namelijk geen uitgever bij mijn boek',
zegt ze, 'dan krijg je alleen maar commentaar.'
'En daar zit u niet op te wachten.'
'Niemand mag zich met mijn verhaal
bemoeien', zegt ze met stemverheffing, 'het is
mijn verhaal.'
'Ik zal u het adres geven.'
'Ik heb namelijk iets te vertellen. Waar zit uw
drukker?'
'Vlakbij Rotterdam.'
'Oh nee, daar woont mijn familie', roept ze,
'ik wil geen drukker uit Zuid-Holland. Dag
meneer.'

NOCEBO

Haar apple rookt een sigaret.
'Ik heb zo'n nepding gekocht', verduidelijkt ze,
'die moet je opladen.'
'Is het wat?', vraag ik.
'Nou', zegt ze, 'ik hoest wat meer.'
'En het is zeker ook niet lekker?'
'Nee, eerder vies', lacht ze.
'Waarom doe je het dan?', vraag ik ietwat
verbaasd, 'je werkt toch alleen?'
'Nu lijkt het net alsof ik een echt bedrijf heb.'

OCCUPIED

Ze lacht vrolijk. Ze danst tegen de
achtergrond van het rode spandoek waarop in
cocacolaletters anticapitalista staat.
Een uurtje later wandel ik naar huis.
De gevleugelde uitspraak van de antiquaar
bij wie ik een aantal jaren werkte, schiet me
te binnen. 'Je kan ook te veel weten', bromde
hij graag als iemand te gretig zijn kennis
rondstrooide.
Niet veel is veranderd, hoor. Geef me geen pen
en papier om de onvolkomenheden op deze
aardbol op te sommen. Ik weet dat het niet
mag, maar heimelijk glimlach ik soms nog als
het journaal ingegooide glazen en rokende
auto's laat zien.
Ik weet nu meer. De revolutie mikt vaak
verkeerd. De auto en de winkel zijn onschuldig.
Dat is nog tot daaraan toe.

Het is treuriger. Ik weet nu dat na de lente de
zomer komt als je geluk hebt.
Vaker kiest de natuur een grilliger weg en volgt
direct de herfst. Slaat ze de zomer zomaar over.
Het mooie van de revolutie, schrijft Canetti,
zit hem in die ene minuut, dat kleine vonkje,
de kern waarmee het begint. Daarin zit het
ingrediënt waar we het mee moeten doen.
Hoop. Hoe naïef ook. Zonder hoop verandert er
niks.
Een bluesy piano klinkt uit een huis als ik langs
de gracht kuier. Ook dat nog, glimlach ik.
Was ik achttien stond ik vooraan. Nu wil ik de
bloem niet knakken terwijl zij net haar ogen
opent.

MUSEUMPLEIN

'U lijkt me een vriendelijke man.'
Ik kijk op. Voor ik haar hoofdschuddend af kan
wimpelen, zegt ze: 'Dat zie je.'
'Je pakt het in ieder geval slim aan.'
'Ik ga wel geld vragen', gaat ze verder, 'maar
voor iets anders dan u denkt.'
Ze gaat naast me zitten. Een lichtblauw vest
hangt half uit de plastic tas.
'Ik heb namelijk een tijdje naar u gekeken.'
Ze pakt een verfrommeld pakje shag.
'Ik heb het geld nodig voor internet.'
'Voor internet?'
'Ja, ik zoek mijn neef.'
'Wil je met hem mailen?'
'Als ik hem vind.'
Ze buigt voorover en grabbelt in haar tas.
'Hij heeft me een hoop geld beloofd. Want hij
heeft zijn huis verkocht.'

'En dat krijg jij?'
'Een deel.'
'Maar je bent hem kwijt.'
'Ja, hij is toen weggegaan. Naar Thailand.'
Eindelijk vindt ze de lucifers.
'Dat is alweer anderhalf jaar geleden', vervolgt
ze, 'Maar nu ga ik hem zoeken.'
'Je hebt het geld nodig', veronderstel ik.
'Het is voor een vriendin. Die is vorige week uit
het raam gevallen.'
Ze kijkt me aan.
'Misschien blijft ze wel verlamd. Dan moet je
een goed huis hebben.'
'Dat lijkt me ook.'
'Maar ja, dan moet ik eerst internetten.'
Ik zoek in mijn zak naar een euro.
'Internet kost 2,50 per uur', zegt ze, 'maar ik
weet niet hoeveel tijd ik nodig heb om hem te
vinden.'
'Ik ga je niet meer geven dan twee euro.'
'Dat is goed', zegt ze, 'al zou drie beter zijn.'
'En je zei net dat het 2,50 per uur is?'
'Ja, maar dan kan ik nu eerst een jointje kopen.'
'Oh', zeg ik, 'die neef laat je dus maar lopen.'
'Nee, maar ik word altijd heel nerveus van
internet en dus kan ik beter eerst even roken.'
Ze staart voor zich uit.

'Verlamd. Dat lijkt me maar niks.'
Ik kan niet anders dan dat beamen.
'Daar zit je dan', stelt ze vast.
Ik geef haar twee euro. Aarzel even. En geef
nog een.
'Zie je wel', zegt ze terwijl ze opstaat, 'ik had
gelijk. U bent een vriendelijke man.'

VRIJDAGNACHT

De taxichauffeur kijkt naar me nu de stoplichten
bij het Rijksmuseum op rood staan:
'Mag ik vragen hoe oud u bent?'
'Begin zestig', zeg ik.
'Dat meent u niet. Ik dacht eind veertig.'
Het avondlicht kan mild zijn.
'Mag ik u nog wat vragen? Heeft u kinderen?'
'Ja', antwoord ik, 'maar die zijn al groot. Ik denk
dat mijn oudste dochter ongeveer jouw leeftijd
is.'
'Wij hebben vier kinderen. Drie meisjes en een
jongen. De eerste drie zijn de meisjes en ik
wilde graag een jongen, dus werden het er vier.'
'Dan hoop ik dat ie wel van voetballen houdt.'
'Nee, daar heb ik pech mee. Hij is al zes, maar
het interesseert hem niet.'
Hij zucht. Het is stil op de Nassaukade.
'Weet je wat echt pech is?'

Zonder mijn antwoord af te wachten, gaat hij verder.

'Ik hou niet van mijn vrouw en zij ook niet van mij.'

Ik kijk opzij.

'Zo.' Meer tekst heb ik niet voor handen.

'Dat is soms lastig. We zijn heel jong getrouwd, maar houden van is het nooit geworden. Gelukkig hebben we het goed, ik hou erg van mijn kinderen en mijn vrouw ook. We hebben het wel goed samen. Ik ben een gezellige man.'

'Dat is tenminste iets', weet ik troostrijk uit te brengen.

'Ja, maar sommige dagen heb ik er last van. Je wilt toch ook weten hoe het is om van iemand te houden.'

Hij zucht nog es. 'Ik geloof dat de gracht hiervandaan afgesloten is voor auto's?'

'Dat is waar ook. Ik stap hier op het hoekje wel uit. Die laatste meters kan ik lopen.'

'Ik kan me ook niet voorstellen dat mijn kinderen tegen een andere man papa zeggen', vervolgt hij, terwijl hij zijn Mercedes onhandig op de hoek parkeert.

'Hoe oud zijn ze?'

'De oudste achttien, mijn zoon is net zes geworden.'

Ik pak mijn portemonnaie.

'Zes', zeg ik, 'dan kan ie nog van voetballen gaan houden.'

'Ik weet het niet', zegt hij terwijl ik het wisselgeld krijg, 'maar onze jongste dochter kijkt steeds vaker. Ze is Ajaxfan.'

Tenminste iets.

METRO

Ze zet haar tas op schoot. Ze luistert. Ze veert
op, trekt haar jasje goed.
'Ik heb het gevoel dat ik helemaal geen rust
heb gehad de laatste jaren.'
De man aan de overkant van het pad vouwt zijn
krant dicht en staat op.
'Als je geleefd wordt, is er geen ruimte', zegt ze.
Het is even donkerder als we de korte tunnel
doorrijden. Het valt me nu pas op dat maar een
deel van de verlichting het doet.
'Ik vind het allemaal wel welletjes. Dat vind ik
saai van het leven. In die zin dat we er allemaal
aan mee moeten doen. Ongevraagd.'
Ik kijk op uit mijn boek. Ze kijkt me aan. Ineens
lachen haar ogen. 'Wacht even', zegt ze.
Dan zegt ze tegen mij: 'Ik heb ook wel goede
dagen, hoor.'

DE TOEKOMST

Oom was oud en heeft een goed leven gehad voor zover haalbaar in dit aardse dal. Hij is maar een paar maanden ziek geweest, niet te erg, en is vorige week rustig ingeslapen.

Het zonlicht viel mooi in het kleine kerkje. Het hoofd van de dominee leek los te zitten van de romp. De iPad waarvan hij zijn overdenking voorlas, oogde wat misplaatst in de jaren vijftig. Dat de organiste haar dag niet had, maakte de gemeente niet uit. Met vaste stem zongen de gelovigen 'Wat de toekomst brenge moge.' De gemiddelde leeftijd maakte het eenvoudig om het antwoord op die vraag te voorspellen.

Tante zat in haar rolstoel. Afwezig is niet het juiste woord, ze was er, maar lichtjes. Haar goedgemutste vriend dementie heeft de

scherpe kantjes van het leven weggepoetst.
Ze was verbaasd over al die mensen die haar
een hand kwamen geven.
'Mijn man is weg', zei ze zo nu en dan.
Om daarna te melden dat het toch wel mooi
was dat al die mensen haar verjaardag niet
vergeten waren.
Want dat was ze vorige week, jarig.

TERRAS

'Vanaf mijn twaalfde denk ik, wat ben ik een
wanhopig gebeuren.' Ze lacht. Ze kijkt naar
haar vriendin en dan naar haar glas.
'Ik was bang. Ik was dit en was dat. Je hebt dan
al achtduizend tikken op je hoofd gehad en al
tienduizend ruzies meegemaakt.'
Ze neemt een slok. Haar vriendin steekt een
sigaret op.
'Ik weet nog dat toen ik acht was mijn broertje
werd geboren. Ik zei iets tegen mijn vader dat
hem niet beviel. Toen sloeg hij de deur van de
wc tegen mijn hoofd.' Ze houdt het glas even
wat schever.
'Ik dacht, dit is hard en mijn moeder is er niet.'
Ze neemt nog een slokje. 'Nou, dan weet je het
wel. Het wordt een pittige kluif.'
Ze kijkt naar buiten. De lucht is grijs. Lichtgrijs.

HARMONIE

De kerk zit wat verstopt in het flatgebouw.
Toch hebben veel familieleden en vrienden
van de leden van de Harmonie de weg naar de
Opgang in Osdorp weten te vinden. Op deze
jubileumavond wordt er niet stil gestaan bij het
gebrek aan aanwas van jongeren en de zorg
om nieuwe bestuursleden te vinden. Vandaag
wordt er naar hartelust gespeeld onder de
bezielende leiding van de jonge dirigente.

Als ik na de pauze naar buiten loop, zie ik in de
gang een doos staan. 'Zegels en kaarten voor
de zending.'
Amsterdam, die metropool, verandert ter
plekke in het dorpje waar ik opgroeide. In de
hal van die kerk stond ook zo'n doos. Dat de
zending in onze familie een wat rare bijsmaak
had, mocht dan misschien zo zijn, maar met

het voorgoed verdwijnen van een nichtje van mijn moeder in Nieuw-Guinea tijdens het zendingswerk had Hij ook vast een bedoeling.

SUSHI

Ze stappen vrolijk kletsend binnen.
Zodra ze zitten opent de langste haar AH-
sushi-bakje en hapt enthousiast in zo'n zwart
rolletje.
De kleinere luistert naar het verslag van het
concert waar haar blonde vriendin van genoten
heeft.

'Heb je al een nieuwe kamer?', vraagt de lange
even later.
'Nee', antwoordt de kleinere, 'maar misschien
kan ik volgende maand bij Emily intrekken.'
De blonde schudt haar hoofd. 'Daar zou ik niet
tegen kunnen', zegt ze met een zucht en pakt
weer zo'n dingetje uit het AH-bakje.
De kleine kijkt opzij naar haar vriendin. Ze lijkt
wat onder de indruk van het zelfverzekerde
gedrag.

'Volgend jaar wordt Jeroen negentien', vervolgt Sushi, 'en ik achttien. Dan gaan we misschien een huis kopen. Dat moet toch een keer.'
De kleinere kijkt naar de grond. Een paar tellen maar.
'Wat een kutleven lijkt me dat', zegt ze dan.

UTRECHT

De man wijst me vriendelijk de weg. 'Het
is nog wel een eindje', zegt hij, 'als u bij de
Stadsschouwburg bent, moet u maar verder
vragen.'
Daarna zegt hij: 'Maar het is ook een mooie dag
om te verdwalen.'
En zo is het. De zon schijnt vandaag in Utrecht.
De stad ziet er vriendelijk uit.

Aan het begin van de Biltstraat sta ik even rond
te kijken. Ik pak mijn telefoon om Google maps
te bekijken.
'Zal ik uw reddende engel zijn?'
Ik kijk op.
Lachend kijkt ze naar me. Donkere ogen, vrolijke
krullen.
Ik noem de straatnaam.
'Dat is hier om de hoek', zegt ze.

Als ik het straatje inloop, ligt er ook nog een
vrolijk plaatje op de stoep.
Wat een stad.

EERSTE LIEFDE

Deze week werd ik erop gewezen dat je
herinneringen zo nu en dan gekleurd worden
door dromen die je koestert.
De rouwkaart vertelde dat een vroegere
buurvrouw uit het dorp waar ik opgroeide op
achtenzeventigjarige leeftijd is overleden.
Met die kaart viel een mooi verhaal in duigen.
Jarenlang heb ik geloofd en verteld dat die
buurvrouw mijn kleuterjuf was. Dat zij de juf
was die ervoor zorgde dat ik me thuis voelde
in het dorp waar we kwamen te wonen, dat
zij de juf was die me vertelde dat ik op school
Nederlands moest spreken, maar dat ik tegen
haar stiekem wel Fries mocht blijven gebruiken.
De juf die je wilt hebben als je dan toch naar
school moet.

Er klopt niets van het verhaal. Ik was een jaar
of negen toen we verhuisden binnen het dorp
en daar, op die nieuwe plek, werd de kleuterjuf
onze buurvrouw.

Ik kwam graag bij die nieuwe buren, dronk
er een kopje thee en speelde met de kleinere
kinderen die er rondhuppelden.

Mijn zus sloopte mijn herinneringen toen ik
haar deze week belde om het overlijden van de
buurvrouw te melden. Maar zei daarna: 'Ach,
dat was jouw eerste liefde. Je kwam altijd vrolijk
terug van een bezoek aan haar. Weet je niet
meer dat we je daarmee plaagden?'

Ontkennen is altijd al een goede eigenschap
van me geweest.

'Je vertelde niet alleen waar jullie het over
gehad hadden. Maar ook welke jurk ze aan had
bijvoorbeeld. Wij hadden daar altijd plezier om.'

Tot troost meldde ze dat mijn ontluikende
hartje niet verkeerd gemikt had.

'Maar je had gelijk, hoor. Het was een slimme,
mooie vrouw.'

Mijn kleuterjuf.

LIJN 82

Ze leunt met haar rechterarm op de kinderwagen. Ze is rond de dertig. Haar kleding is raak gekozen al kun je ieder onderdeel in al die ketens kopen. Haar haar is goed verzorgd. In haar linkerhand klemt ze de altijd aanwezige telefoon. Een traan biggelt over haar wang.

'Ja', zegt ze, 'maar ik kwam haar dinsdagmiddag weer tegen. In het ziekenhuis. Daar was ik toch voor een echo.'

Ze kijkt in de kinderwagen, legt het dekentje recht.

'Volgende keer steek ik haar neer', zegt ze.

Ze kijkt naar buiten. Ze luistert, een paar minuten.

'Nee echt', zegt ze, 'dat heb ik besloten. Ik steek haar gewoon neer.'

Her en der moet de kerstgedachte nog landen.

SLEUTEL

Het is koud, zo rond het vriespunt, en het
regent.
Als ik bijna bij het huis ben waar de
bijeenkomst is, zie ik een oude man op de
stoep staan.
'Weet u waar nummer 28 is?', vraagt hij, 'dat
zou hier om de hoek moeten zijn.'
'Om de hoek?', vraag ik.
'Ja', zegt hij, 'het pand is dichtgetimmerd en ik
ben de sleutel kwijt.'
'Als het dichtgetimmerd is, kunt u er
waarschijnlijk niet in', zeg ik.
'Maar ik woon er.'
Zijn stem is breekbaar. Hij moet het koud
hebben in die dunne bruine trui.
Ik zie dat het licht brandt in de sportschool
waar we voor staan.
'Komt u maar even mee naar binnen', stel ik

voor, 'daar is het vast warmer.'

Hij aarzelt, maar loopt toch met me mee.

In de hal zitten twee jongens. Ik leg uit dat deze meneer zijn huis niet in kan en dat het bovendien dichtgetimmerd is.

'Wilt u een kop koffie, meneer?', vraagt een van de jongens.

Hij knikt.

We besluiten de politie te bellen. Het kan even duren, legt de telefoniste uit, maar ze stuurt een wagen.

Het mannetje vindt het maar niks als we hem vertellen dat de politie eraan komt.

'Ik weet niet of dat goed is', zegt hij, 'je weet nooit of je vroeger iets gedaan hebt waarvoor ze je alsnog op willen sluiten.'

We beloven dat we het allemaal in de gaten zullen houden. Maar het stelt hem niet gerust.

Na tien minuten besluit hij te vertrekken, het kost moeite hem binnen te houden.

Als ik vraag hoelang hij al op nummer 28 woont, wordt ie boos.

'U vraagt te veel. Dat doen ze allemaal.'

Ik beloof niets meer te vragen.

Even later wordt er aangebeld. Twee agenten melden zich.

Binnen een paar minuten is het ze duidelijk
waar het om gaat.
'Zullen we u maar even meenemen?'
Hij schudt zijn hoofd. 'Daar begin ik niet aan.'
We leggen uit dat de mogelijkheid bestaat dat
hij dan wordt opgesloten, want je weet maar
nooit waar ze op het bureau achterkomen.
'Dat is dan vast verjaard' meldt de jongste
van de twee, 'maakt u zich maar geen zorgen,
meneer.'
Het stelt het mannetje ietwat gerust.
De agenten staan op het punt hem mee te
nemen als de deur opengaat en een blonde
dame van rond de zestig binnenkomt.
'Hé, buurman', zegt ze, 'kom je even buurten?'
Het mannetje kijkt haar aan. Hij kent haar niet.

Een paar minuten later gaat de auto op weg
naar het verzorgingshuis waar hij sinds een
paar jaar woont. Het is een eindje rijden.
'Zal ik de sirene aanzetten?', vroeg de jongste
toen ze instapten.
Het mannetje schudde zijn hoofd.
'Je moet ze niet wakker maken', was het
antwoord, 'je weet nooit wat ze van plan zijn.'

UTRECHT–AMSTERDAM

'Wil je dat ik het per telefoon uitmaak?'
Ze kijkt naar buiten. Ze luistert.
'Dat weet je maar al te goed', zegt ze, 'daar
hebben we het zondag nog over gehad. Je zou
er niet blijven slapen.'
Ze pakt het flesje water dat op het tafeltje staat.
'Waarom bel je dan niet?'
Ze neemt een slokje. Ze duwt een lok achter
haar linkeroor.
'Je wilt dus niet afspreken vanavond?'
Ze draait de dop weer op het flesje.
'Is dit het dan?', vraagt ze.
Een paar tellen later kijkt ze naar haar telefoon.
Dat was het.

DONDERDAG

De dreumes loopt een paar meter voor me. Zijn
knuistje in de hand van zijn moeder.
Hij kijkt naar de bomen. Naar de gracht.
'Welke kleur heeft je werk?', vraagt ie opeens.
Zijn moeder lacht.
'Welke kleur heeft mijn werk?', herhaalt ze.
'Grijs', zegt ze dan.
Ze beseft dat ze haar hummel hiermee ieder
perspectief op een vrolijke toekomst afpakt,
want, legt ze uit, 'Ik bedoel, ik werk op een
kantoor met grijze muren.'
Ja, dan kun je niet wachten op later.

VIJF NOVEMBER

Het heeft niet zo mogen zijn. Maar anders was mijn moeder vandaag vijfennegentig geworden. Met het klimmen der jaren zie je vaak dat de mens wat behoudender wordt. Het naderende einde maakt onzeker en als je bijvoorbeeld gelovig bent opgevoed, kan dat het houvast zijn waaraan je je steviger vastklemt. Je weet maar nooit.

Ze was al een tijd ziek. Nu bijna twintig jaar geleden.

'Wil jij straks tegen de dominee zeggen dat ie niet meer hoeft te komen?', zei ze op een donderdagmiddag.

'Wat is er gebeurd?', vroeg ik verbaasd.

We hadden de laatste jaren, na het overlijden van mijn vader, veel besproken, maar vraagtekens bij het geloof waren niet voorbijgekomen.

'Niks', zei ze, 'maar ik heb veel tijd gehad om na te denken. En ik heb besloten dat het een raar verhaal is.'

Ik schoot in de lach.

'Dit had ik niet verwacht', zei ik, 'maar je kunt het wel zelf tegen de dominee zeggen.'

'Wil jij erbij zijn?', vroeg ze, ook lachend, 'Hij zal wel opkijken.'

En dat deed hij die namiddag. Verbouwereerd keek hij naar mijn moeder nadat ze hem kort en bondig had verteld dat dit zijn laatste bezoek was.

'U mag natuurlijk wel de begrafenis leiden', zei ze, 'Anders vraagt de familie zich af wat er is. Ze rekenen op een preek.'

Na vijf minuten droop de dominee af. De oogopslag van mijn moeder verried dat tegenspraak niet verwacht werd.

Niet alleen vond ze het maar een raar verhaal, ook praktisch vond ze het geen sterk geheel, die Bijbel en de uitleg die eraan gegeven werd. Dat de hele aardbol in zes dagen gemaakt was, leek haar niet haalbaar en die dag der opstanding zou maar een rommeltje opleveren. 'Stel dat ik na jullie vader opnieuw getrouwd was, met wie had ik dan in het hiernamaals moeten zitten?'

Ze vond mijn verbazing begrijpelijk.

'Ja, ik had het eerder kunnen zeggen, maar dan wordt het zo'n onderwerp. Nu moet het. Want zo veel tijd heb ik niet meer. En jullie moeten wel weten hoe ik erover denk.'

'Weet je wat de grap is?', vroeg ze even later.

'Nou?'

'Het biedt zoveel rust nu ik dit weet. Ik hoef nergens meer over na te denken. Het is gewoon klaar als ik doodga.'

Mijn moeder. Een held.

INFUUS

'Het is wel mooi geweest', zei mijn moeder,
'zullen we vanmiddag met de dokter bespreken
dat ik het genoeg vind?'
We hadden het al een paar keer doorgenomen,
ik wist dat het nu zover was.
Ook hij begreep direct dat het ernst was.
'Ik ken u goed genoeg', zei hij, 'u weet wat u
kiest. We hoeven geen lange gesprekken te
voeren.'
Natuurlijk moest hij wat vragen stellen.
'Maar we hoeven niet ingewikkeld te doen',
stelde hij vast, 'als ik nu dat infuus afsluit, zal
het maar een dag of vier, vijf duren en dan is
het voorbij.'
'Mooi', zei mijn moeder.
'Omdat het geen actieve handeling is, is het
niet al te moeilijk', vervolgde hij, 'maar ik

bespreek het straks wel met een collega. Wilt u erbij zijn?', vroeg hij.

Dat wilde ik.

Hij stond op en liep naar het infuus.

'Nu gaat ie dicht', zei hij.

Hij ging weer zitten. Pakte mijn moeders hand.

'Ik kom straks terug', zei hij, 'gaan we een ander infuus aanbrengen.'

'Wat zit daarin?', vroeg mijn moeder.

'Morfine', zei hij, 'want de pijn zal wat toenemen.'

'Moet dat?', vroeg mijn moeder, 'morfine?'

'Ja', zei hij, 'dat is beter.'

Mijn moeder schudde haar hoofd.

'Dat lijkt me niet goed', zei ze, 'ik wil niet verslaafd raken.'

We schoten alle drie in de lach.

'Dat is waar ook', zei mijn moeder, 'dat zit er natuurlijk niet meer in.'

SLOT

Ook het onvermijdelijke laat zo nu en dan op zich wachten.

Het waren vrolijke uren, die uren aan mijn moeders bed. Verhalen en anekdotes zorgden voor een mooie ochtend.

Wel waren we wat moe, opfrissen kon geen kwaad.

Monter meldde mijn moeder dat we maar een uurtje naar huis moesten gaan.

Op de gang zei mijn zus tegen me dat ik nog even terug moest gaan.

'Jij bent de baby', zei ze, 'jij moet nog een keer dag zeggen.'

Het kwam goed uit. Haar kussen lag net niet goed.

'Dat is beter', zei ze, 'wat kwam je eigenlijk doen?'

'Nog even dag zeggen', zei ik.

Nog een aai over haar arm en een lok die wat dwars was, opzijleggen.

'Nu opschieten', zei ze, 'de anderen wachten op je.'

'Tot straks', zei ik.

'Ja, tot zo. Hoewel, eigenlijk hoop ik je nooit meer te zien.'

Ze schoot in de lach.

'Dat zijn wel mooie laatste woorden', zei ze.

We waren net thuis toen de telefoon ging.

VERTROUWEN

'Wat mij gister overkwam', grijnst Peter, 'kom
ik uit het café, denk ik, toch nog maar een
broodje.'
De vaste tafel kan het zich voorstellen.
'En dus moest ik pinnen.'
Hij pakt zijn shag.
'Pak ik die zeventig euro, hoor ik, geef maar
hier. Staan er twee jongens naast me. Zag direct
dat het geen praters waren.'
Het shagje is klaar.
'Terwijl ik het geld geef, zeg ik, shit man, wilde
net nog een pilsje halen. Kijkt een van die
jongens me aan en zegt, hier. En geeft het
briefje van 20 euro terug.'
'Meen je niet', zegt Harm.
Peter lacht.
'Was wel een goeie peer volgens mij. Hij zei
nog sorry toen ie wegliep.'

De aansteker hapert even.
'Zo zie je', besluit hij, 'je kunt ze niet allemaal over één kam scheren.'

OOG OM TAND

'Loopt u maar met mij mee', zegt ze, 'ik woon
vlakbij het station.'
Haar zoontje zwaait enthousiast naar me vanuit
zijn karretje.
Ze vertelt dat ze nu acht jaar in het dorp woont.
'Voor de kinderen zijn we de stad uitgegaan. En
het bevalt me prima. Al zou mijn man wel graag
naar Amsterdam teruggaan.'
Beiden werken ze in die stad, het is maar
twintig minuten met de trein.
'Ik heb twee banen', zegt ze, 'we willen dat de
kinderen het goed hebben.'
Ze groet een mevrouw.
'Wat wel jammer is', zegt ze, 'is dat de mensen
steeds negatiever over ons zijn. We komen uit
Roemenië. Er is een groep die ons een slechte
naam heeft bezorgd.'
'En dat merk je', vraag ik.

'Ja', zegt ze, 'je krijgt steeds vaker een rotopmerking.'

Ze pakt een plastic zakje en geeft haar zoon zijn speen.

'Ik heb het wel opgelost', zegt ze lachend.

Ik kijk opzij.

'Als iemand iets rots zegt, zeg ik tegenwoordig, niet alle Roemenen zijn Bulgaar. Dan zijn ze even stil.'

BUURMAN

Als ik de sleutel in het slot steek, komt een man
uit het huis naast ons.
Hij aarzelt even, stapt dan op me af.
'Woont u hier?', vraagt hij.
Ik knik.
'Dan ben ik uw nieuwe buurman', zegt hij.
Hij spreekt snel, Engels met een Frans accent.
We kletsen even. Hij lacht graag.
Een sympathieke buurman is mijn eerste indruk.
Dan vraagt ie: 'Werkt u nog?'
Hoe je iemands dag kunt verknallen.

HUMAN RESOURCES

Eenenzestig is ze. Ze heeft 41 jaar als verpleegkundige gewerkt. De laatste vijftien jaar in een Noord-Hollands ziekenhuis. Vorig jaar is ze een paar maanden uit de running geweest. De verzorging van haar moeder en de ziekte van haar man hadden hun tol geëist. Ondertussen draait ze alweer een jaar met inzet haar diensten.

Niet het hoofd van de afdeling Human Resources ontving haar twee weken geleden voor het jaarlijkse beoordelingsgesprek, maar een meisje dat wel erg jong leek achter dat grote bureau.

'Ik ben Monique. Ik werk al twee maanden op HR. Ik wil direct duidelijk maken dat u niet moet denken dat u hier met een zak geld vertrekt', was de heldere woordkeus waarmee Monique zich voorstelde.

'Zo begon het gesprek', vertelt ze, 'ik wist niet wat ik moest zeggen. Terwijl ik niet op mijn mondje gevallen ben normaal gesproken.'
Haar rechterarm onderstreept haar machteloosheid door als vanzelf even in de lucht te zweven.
Kort en bondig werd haar verteld dat het dienstverband beëindigd werd en dat ze graag mee willen werken bij het zoeken naar een nieuwe baan.
Waarbij het woord outplacement als een toch wel bijzonder extraatje werd gepresenteerd.
'U was vorig jaar immers al een tijdje oververmoeid', had Monique vastgesteld met een blik op het scherm, 'misschien is het wel goed om eens wat anders te ondernemen. Wat vindt u leuk?'
'Ik was overdonderd', zegt ze, 'en beaamde dat ik er toen inderdaad even tussenuit moest.'
'Ziet u wel', had Monique gezegd, 'ook daarom is het goed om eens verder te kijken.'
'Voor ik het wist zaten we samen naar het scherm te kijken waarop een aantal tijdelijke banen werd beschreven. Toen ik zei dat het allemaal om banen voor een periode van drie maanden ging en ik daar niets voor voelde omdat ik dan wel erg snel mijn rechten kwijt

was, werd ze bozig. Wij betalen die drie maanden, hoor, had ze gezegd. En wie weet bevalt het beide partijen zo goed dat er een verlenging inzit.'

Ze zucht. Als ze een slok van haar koffie neemt, zie ik dat haar hand lichtjes trilt.

'Weet je wat erg is?', gaat ze verder, 'Je bent zo machteloos. Je voelt je zo gepakt. En je wordt nog kwaad op jezelf ook. Waarom accepteer je dit?'

Ze kijkt naar buiten.

'Zegt dat meisje na een half uur ook nog: En? Hoe zit u hier nu zelf in?'

Een glimlach die er eigenlijk geen zin in heeft, glijdt over haar gezicht.

'Nou, sinds die dag zit ik thuis.'

ONBETAALDE LIEFDE

'Ik kom iedere dag maar een uur eerder.'
Hij kijkt wat verlegen.
'Dit is toch een ziekenhuis?'
Al vier jaar werkt hij als schoonmaker in een academisch ziekenhuis. Vier maanden geleden werd de schoonmaakploeg weer kleiner en werden er nog wat seconden van zijn tijdschema afgeknabbeld. Na een week besloot hij om dan maar een uurtje eerder te komen.
'Sommige collega's vinden me een uitslover.'
Hij haalt zijn schouders op.
'Maar dit is een ziekenhuis', herhaalt ie.

OVERTOLLIG

'Begrijp jij het?', vraagt H. verbaasd, 'dat je zo behandeld wordt.'

J. zit verslagen in de stoel bij het raam. Ze slaapt deze dagen slecht, eten lukt niet. Drieëntwintig jaar heeft H. in een ziekenhuis gewerkt. Op de OK. Drie maanden geleden werd hem verteld dat hij overtollig was. Met onmiddellijke ingang mocht hij vanaf die dag toekijken tijdens operaties. Hij mag niets meer doen, behalve instructies geven aan de verpleegkundigen die zijn werk over moeten nemen. Vaak houdt hij zijn hart vast als hij ziet hoe onhandig ze met de apparatuur omgaan. Maar wie weet leren ze het. Dat het viezer wordt in de hoekjes van de kamers, ligt niet aan de schoonmakers.

Natuurlijk gingen ze op zoek naar passend werk. Vorige week werd hem een plek aangeboden. Het was jammer dat ze vergeten waren dat hij een handicap heeft, die nou net onhandig is bij die baan. Was personeelszaken even ontschoten. 'Volgende keer beter.'

En nu zit J. thuis. Vierendertig jaar werkte zij in een ander ziekenhuis. Ze had al een paar keer een grap gemaakt over die mannen die op de afdelingen met een klokje rondliepen en elke handeling minutieus vastlegden.

Twee weken geleden was zij aan de beurt.

Het leek haar een routineklus na al die jaren, dat evaluatiegesprek. Even doornemen hoe alles gaat. Tien minuten later stond ze buiten en mocht ze naar huis. Overtollig.

Het is maar goed dat ze zo verbouwereerd was dat ze de papieren weigerde te ondertekenen. Ze moest met onmiddellijke ingang de drie vrije maanden opnemen die voor de oude dag gereserveerd waren.

Ze zat een week thuis toen een collega belde. 'Hé, ik wist niet dat jij met gehandicapten wilde werken.'

'Hoe bedoel?', had ze verbaasd gevraagd.

'Dat staat in het personeelsblaadje', had de collega gemeld.

Een traan biggelt over haar wang als ze het vertelt.

'Het is nog een troost dat we samen in deze ellende zitten', zoekt H. naar het halfvolle glas.

KUNST

De lange rijen voor al die musea zijn in ieder
geval voor de marketingafdelingen van die
instellingen iets om tevreden over te zijn. Ook
is het mogelijk om positieve conclusies aan die
files te verbinden. Als de honger gestild is, het
dak niet lekt, heeft de mens tijd en interesse
voor cultuur.
Mijn kennismaking met de schilderkunst
vond plaats onder het toeziend oog van mijn
moeder. Zonder dat ze het wist overigens, van
opzet was geen sprake.
Zij zat iedere middag met thee klaar als ik uit
school kwam. Voor ik aan het huiswerk begon,
deed ik eerst verslag van de dag. Haar naaidoos
was een vaste tafelgenoot.
Braaf was ik en een dromer.
De krullebol met zijn viool op de rechterkant
van de doos zorgde ervoor dat ik wilde weten

hoe een viool klonk. Het tafereel op het deksel liet zien dat het een vrolijke boel kon zijn als je muziek maakte.

De mevrouw op de voorkant speelde op een piano die ik niet thuis kon brengen.

De doos was een onuitputtelijk bron van vermaak voor mijn fantasie.

Maar het mooist vond ik het dat iemand dat allemaal kon tekenen en schilderen. Ik weet niet hoe vaak ik die plaatjes heb nagetekend. Daarna kleurde ik ze precies zoals op die doos. Fantasie kende haar grenzen.

De naaidoos staat alweer jaren in de kast tegenover mijn bureau. Ik gebruik het ding als argument om niet in zo'n rij voor een museum te hoeven staan. En om mezelf erop te wijzen dat je altijd moet blijven dromen.

WACHTEN

De eerste vijf minuten is het stil in de
wachtruimte.
Op de gang hoor ik een rochelige hoest.
Hij komt bij me zitten. Rood aangelopen,
zweetdruppels op zijn voorhoofd.
'Is ze nog binnen?', vraagt hij.
Ik haal mijn schouders op.
'Ze is vier jaar ouder dan mijn dochter.
Wisseling van de wacht.'
Hij zucht diep.
'Ben benieuwd wat ze zeggen. Op het briefje
staat kwaadaardig.'
'Dat is niet zo mooi', zeg ik.
'Zeker niet', zegt hij.
Een hoestbui vult de ruimte.
'Ik heb het vaak benauwd', meldt hij, 'dat komt
hierdoor.'

Hij plant zijn wijsvinger op zijn omvangrijke buik.

'Ik heb suiker. Maar daar trek ik me niks van aan. Dat dieet is niet te doen. Helpt ook niks trouwens. Heb vanochtend nog twee Marsen opgegeten. Toch was mijn spiegel nog steeds 6,8.'

In zijn lach hoor je de overwinning.

'Heb tegen de dokter gezegd dat ik te veel van die medicijnen kreeg, heb de dosis gehalveerd.'

'Is dat wel slim?', vraag ik.

'Zei de dokter ook', is het antwoord.

Hij kijkt op zijn horloge.

'Het duurt wel lang'

Even is het stil.

'Ik ben vorig jaar afgekeurd, ik zie steeds minder. Ook door die suiker. Dat is niet handig als je buschauffeur bent.'

Ik knik.

'Ik mag niet meer rijden. Maar dat kan niet. We gaan iedere week naar mijn moeder. Die woont buiten. Heb ik gezegd ook, nu krijg ik een herkeuring.'

Hij schudt zijn hoofd. Haalt een zakdoek tevoorschijn.

'Ze wordt volgende maand honderd.'

'Zo', zeg ik.

'Ze fietst nog een paar keer per week naar het
dorp. Mijn vader is zesennegentig. Die gaat nu
snel achteruit.'
Hij veegt het zweet van zijn voorhoofd.
'Je zult het niet geloven, maar mijn moeder
heeft nog een zus. Die is 104.'
Hij kijkt weer op zijn klok.
'Denk niet dat ik dat haal', stelt hij vast, 'wil ik
ook niet trouwens. Ik heb altijd gedoe. Daar
krijg je genoeg van.'
'Het valt niet altijd mee', antwoord ik vol begrip.
'Neem mijn dochter', zegt ie, 'negenendertig
en nog steeds verslaafd. Al gaat het beter.
Jarenlang gespoten, maar daar is ze nu vanaf.
Zegt ze. Maar ze komt er niet meer in.'
Hij kijkt me aan.
'Ik ben wel gelukkig met mijn vrouw. Met deze
dan.'
'Dat is mooi', zeg ik.
Weer een blik op het horloge.
'Ik hoop dat het meevalt', zegt hij, 'dat ze zich
vergissen. Doen ze vaak, hoor. Zonder haar
hoeft het al helemaal niet meer voor mij.'

DE BIBLIOTHECARESSE

Ze was er al een paar weken. Lichtbruine
krullen, rode lippen en een glimlach. Twee
dagen per week kwam ze uit de stad naar de
dorpsbibliotheek die net een paar maanden
open was.
'Dit is een bijzonder boek', zei ze.
James Baldwin kreeg een stempel, net als
de andere boeken die ik meenam. Iedere
woensdag haalde ik er vier.
'Hoe vond je het?', hoorde ik de volgende week
naast me.
Misschien heb ik 'goed' weten uit te brengen.
Zij had iets tegen me gezegd.
Ze wees op een titel in de kast waar ik voor
stond.
'Je zou nu dit kunnen lezen', ze pakte het boek,
'dat past goed bij dat van Baldwin.'

Een paar weken later riep ze me toen ik binnenkwam.

'Ik heb wat boeken voor je klaargelegd. Je hoeft ze natuurlijk niet te nemen, maar als je wilt ga ik je een tijdje wegwijs maken.'

Vanaf die week lagen er elke woensdag vier boeken klaar.

Achterin de bibliotheek, aan de leestafel, zaten we iedere week een kwartiertje. Zij vertelde iets over de boeken, de schrijvers en de wereld. En zo nu en dan iets over zichzelf.

Langzaam maar zeker leerde ik iets terug te zeggen, te vertellen wat ik van een boek vond.

Eenzaam waren de dagen als ze er niet was.

Anderhalf jaar heeft zij me bij de hand genomen, heeft ze me kennis laten maken met de hoogtepunten uit de wereldliteratuur, met geschiedenis en met nadenken.

Het onvermijdelijke gebeurde vlak voor de zomer van 1966.

Ze ging verhuizen.

Die laatste woensdag aarzelde ik voor ik naar binnen ging. Ze liep direct met me naar de leestafel.

Uit haar tas pakte ze een cadeautje.

'Go tell it on the mountain' van Baldwin.

'Door dit boek besloot ik dat we vrienden moesten worden', zei ze. Ze wist nog welk boek ik als eerste bij haar af had laten stempelen.
'Lees dit deze week maar', zei ze, 'van mij ben je af. Ik heb geen boeken meer uitgezocht.'
Ze stond op.
'Kom', zei ze, 'ik loop met je mee naar buiten.'
Bij de uitgang gaf ze me een kus, zachtjes, op mijn rechterwang.
'Denk nog maar es aan me.'
Ze liep naar binnen.
De herfst begon eind juni dat jaar.

MUSEUMTRAM

Bij het instappen zie ik al dat de conducteur
de baan van zijn leven heeft. Gewapend met
rode vlag en het fluitje paraat, regelt hij bij de
overgang het verkeer. Routineus springt hij
daarna weer op de wagon en trekt kordaat aan
een touwtje waardoor er een vrolijk belletje
rinkelt. Een hardere bel voorin bevestigt het
teken dat de kust veilig is.
Ook de machinist kwijt zich met hart en ziel aan
zijn functie.
De glimlach om mijn lippen sterft een stille
dood als ik terugdenk aan het net afgelegde
bezoek. Zevenentachtig is een leeftijd waarop
de mogelijkheden het leven met de volle
honderd procent te omarmen niet altijd even
groot meer zijn.
Halverwege de heldere uitleg van mijn kant
over hoe de wereld ervoor staat vandaag de

dag, zag ik mijn oom in slaap sukkelen.

Door deze terugblik ga ik nadenken over het tijdelijke van dit aardse bestaan. Gedachten die mijn van nature opgewekte karakter lichtelijk aantasten terwijl de tram langs het Amsterdamse bos rijdt.

Bij de vierde halte stapt een aandoenlijke peuter aan de hand van zijn moeder aan boord.

Er zijn plaatsen genoeg, maar de dreumes besluit naast mij te gaan zitten.

Na enig klimwerk zit ie en knikt vriendelijk naar me.

'Trein', roept ie enthousiast.

'Tram', zeg ik.

'Trein', herhaalt de hummel.

'Tram', zeg ik.

De uk kijkt me aan, laat zich van de stoel zakken en waggelt naar zijn moeder.

Het is blijkbaar zo gewoon geworden om met onjuiste informatie te leven dat men de waarheid niet onder ogen wil zien.

HERMAN KORFF

Nee, wij mochten thuis niet 'mof' zeggen en geen flauwe grappen maken over radio's en fietsen die teruggebracht moesten worden. Er waren ook goede Duitsers legde mijn vader uit.

In de zomer van 1944 werd mijn opa, Pake Auke, aangesproken toen hij zijn koeien zat te melken op het stukje land vlak buiten Giekerk. De man vroeg of hij wat melk kon krijgen. Daarna kwam de man iedere dag langs. Dat bezoekje duurde steeds langer. Beiden vermeden de oorlog als onderwerp. Pake vermoedde dat het een onderduiker was die in het bootje van Eeuwe de Vries sliep. Vlakbij de eendenkooi bij de Giekerkerhoek. Aan het accent te horen dacht Pake dat het een Limburger was.

In de herfst gingen de koeien op stal en zagen de twee elkaar een paar weken niet. Tot verbazing van Pake stond de man op een dag in de schuur van de boerderij. Hij vroeg of hij een nacht in het hooi mocht slapen met het oog op de naderende regen en storm.

De volgende ochtend vroeg hij of het misschien mogelijk was om er vaker te slapen nu het kouder werd. Pake Auke wilde nu eerst weten wie de man was.

Herman Korff. Een Duitse communist. En dienstweigeraar. Hij was al vier jaar op de vlucht. Eerst had hij onderdak gevonden in Groningen en later in Leeuwarden. Vanuit die stad was hij naar dat bootje bij de eendenkooi gebracht.

Na overleg met mijn oma kreeg hij te horen dat hij de koude dagen door kon brengen in de schuur van de boerderij. Korff waarschuwde: 'Als ze me vinden, krijg ik de kogel. Maar jullie ook.'

Dat hadden Pake en Beppe wel begrepen. Herman Korff had onderdak voor de winterse dagen.

Na de oorlog bleef het contact met Korff
bestaan. Ook al omdat mijn vader de laatste
maanden van de oorlog onder mocht duiken.
Na een mislukt wapentransport waarbij
twee doden vielen, moest mijn vader zich
schuilhouden. Ook hij verbleef in dat scheepje
bij die eendenkooi en in die hooischuur bij wat
later zijn schoonouders werden. Want ook in
oorlogstijd bloeit de liefde.
In de jaren die volgden kwam oom Herman zo
nu en dan op bezoek, soms gingen mijn ouders
naar het stadje in het Ruhrgebied waar Herman
Korff in 1991 op 81-jarige leeftijd overleed.

DOUCHE

Zondagavond, 11.14 u. Schoonmoeder meldt dat de maat nu vol is: 'Er is iemand overdag in mijn kamer geweest en die heeft gedoucht met mijn pantoffels aan. Die zijn nu helemaal nat.'
Ze wil verhuizen.
Als het kan, deze week nog.

DE STAND VAN ZAKEN

Vanmiddag is ze naar een ander ziekenhuis gebracht. Het eerste uur is ze rustig. Ze vraagt zich alleen vol verbazing af waarom ze nu al uren op het perron van het Centraal Station staat. Met bed en al.
Tegen middernacht was alles anders. Hartfalen, vocht in longen en weggegleden in een coma. Terwijl wij met de arts de grens van ingrijpen bespraken, besloot het lichaam om nog maar niet bij de pakken neer te gaan zitten. Tegen de ochtend kon ze van de eerste apparaten worden losgekoppeld.

Haar kleine, oude hand nestelt zich in de mijne. Ik kijk naar de botten, zichtbaar door de dunne huid. De paarsblauwe plekken van de infusen worden groter en donkerder.

Ik haal koffie. Als ik ga zitten, kijkt ze even op. Een zachte blik die al gauw weer wegglijdt. Ze ademt zwaar.

Ik verschuif voorzichtig mijn stoel. Ze opent haar ogen.

'Hoe is het met de politiek?', vraagt ze met redelijk heldere stem.

Je wilt niet dat dit tere lichaam de definitieve optater krijgt door te vertellen hoe het ervoor staat in dit land.

Ik lieg en zeg 'goed'.

'Kijk, we leefden in een tijd waarin het leek dat alles kon.' Ze kijkt haar kleindochter aan. 'Dat kun jij je denk ik niet voorstellen. Het leven werd gewoon leuk. Een besloten, grijze wereld zag ineens kleuren en openingen.'

De kleindochter knikt. Ze is een jaar of vijftien, zestien. De rode muts probeert haar blonde lokken bij elkaar te houden. Eentje is echt ontsnapt. Met een rustige beweging haalt ze die zo nu en dan uit haar gezicht.

'Na de toneelschool had ik direct werk bij een gezelschap hier. Ik dacht een paar jaar lang dat ik goed bezig was. Tot ik twijfels kreeg bij alles wat ik deed. Wil je nog wat drinken?'
Het meisje schudt haar hoofd. 'En toen?', vraagt ze.

'Ik vond een kantoorbaantje. Daarom zit ik nu al dertig jaar vijf dagen per week in de metro.'

BUREN

Amsterdam maakt zich op voor het Belvedère
Operaconcours. De grootste operawedstrijd in
de wereld volgens de omroeper op de stoep
van de Bijenkorf vanmiddag.
Als voorproefje wordt de voorbijganger
getrakteerd op een paar korte optredens. Een
zangeres wordt door een hoogwerker op het
balkon gezet.

'Prachtig, he?', hoor ik naast me.
De bloemetjesjurk is lang geleden gekocht.
Haar plastic tassen zijn goed gevuld. Eentje met
papier, de ander met kleren zo te zien. Een rood
vest hangt over haar schouders.
Ze kijkt nog een keer naar het balkon.
'Dat zal beneden je wonen', zegt ze en wandelt
verder.

JUMBO

'Dat is dan 19,45.'
'Dat is een mooi jaartal', zeg ik.
Ze kijkt op.
'Hoe oud was u toen de oorlog afliep?', vraagt
ze. 'Mijn opa was drie', voegt ze eraan toe.
Mijn wijsvinger blijft even boven het
toetsenbordje hangen. Gelukkig weet ik mijn
pincode nog.

LIJN 53

Ze gaat tegenover me zitten. De telefoon aan
haar oor. Eind dertig is ze.
'Dat vind ik echt spijtig. Dat ik in mijn leven heel
veel tijd heb moeten steken in ik, ik, ik. En niet
in de dingen waar ik goed in ben.'
Met haar rechterhand duwt ze een lok terug
achter haar oor. Ze kijkt naar buiten. Ze luistert.
'Ja, natuurlijk hoop ik dat het rechtgezet wordt.
Al is het maar symbolisch. Dat je toch nog wat
dingen maakt en daar een beetje erkenning
voor krijgt. Dat je sterft met in ieder geval
een paar leuke dingen in je hoofd.' Ze schiet
in de lach. 'Ik leef als een non. Ik voel me een
enorme grijze regenjas, die 's ochtends met
al die duizenden andere grijze regenjassen
met de metro naar haar werk gaat en daar
onderbetaald heel veel werk verzet. En niet
doet wat ze wil doen.'

Ze staat op, kijkt me aan en glimlacht. Met een knikje zegt ze dag.

KOEK

Het briefje valt uit Der Untergang des
Abendlandes.
Ik zoek een citaat om het stuk waar ik mee
bezig ben van een passend slot te voorzien.
Het is vooral de eerste zin die het zo schrijnend
maakt. Geen verwijt. Vol begrip. En ze waren
nog maar zes en zeven.

'We hebben een koek gegeten', zei de een.
'En een glas melk gepakt', zei de ander.
Op weg naar huis vertellen ze vrolijk dat ze me
niet wakker hadden kunnen krijgen.
Ja, het was laat geworden. En er was drank. En
inderdaad, nog het een en ander. Ik geef het
allemaal toe.

Nooit stond ik zo vroeg bij school. Gebukt
onder de loodzware last die schaamte heet.

Dertig jaar later is het zo'n familieverhaal dat zo nu en dan opduikt. Ik lach dan mee. Net als die boer.

VERDRIETIG

De zon schijnt, de stad ligt er vriendelijk bij zo
tegen de middag. Het terras is vol.
Donker haar, rood bloesje, ik schat haar rond
de twintig. Ze kijkt op van haar telefoontje en
zegt tegen de jongeman die haar gezelschap
mag houden, 'verdrietige mensen zijn vaak zo
met zichzelf bezig, daar kan ik niet goed tegen.'

JARIG

Hij hangt onderuit.

'Moet alleen de motivatie even vinden. Maar ik heb lang genoeg niets gedaan. Ik solliciteer nu actief. Nou ja, ik heb op twitter gezet dat ik wel wil werken.'

Hij luistert.

'Nee, ik kom vanmiddag niet. Heb nog maar twee euro op mijn kaart.'

Een paar minuten later gaat de deur van de coupé open.

De conducteur meldt zich.

De jongen legt de telefoon neer, gaat rechtop zitten.

Als hij zijn kaart geeft, zegt ie: 'Ik heb maar niet ingecheckt. Er staat toch te weinig op.'

'Waar ga je naartoe?'

'Naar Sloterdijk. Maar ik moet naar Hoofddorp. Daar woont mijn moeder. Die is vandaag jarig.'

'Hoe kom je daar dan?'
'Mijn zus pikt me zo op.'
De conducteur aarzelt een paar tellen, haalt zijn
schouders op en geeft de kaart terug.
'Omdat je moeder jarig is.'
Als de conducteur verder loopt, grijnst de
jongen naar me, pakt zijn telefoon en zegt:
'Shit, man.'

TRAMHALTE

Alle vier zijn ze rond de zestien, gekleed zoals
verwacht, het haar zoals het hoort.
Pass me die, tettert de dikste van de vier
ongeduldig terwijl hij op de joint wijst die
rondgaat.
De twee blondines die alvast een voorschot
hebben genomen op de zomerkleding die
binnenkort uit kast kan worden gehaald,
worden met gesis en kreten welkom geheten
op de tramhalte.
Een telefoon gaat.
'He, mam', zegt de luidruchtigste.
Hij luistert.
'Ja, ik kom eraan.'
Lacht vrolijk. Hangt op.
'Ik ga', zegt ie, 'heb een date met mijn moeder.'

BUURVROUW

Als ik het zijstraatje inloop, herken ik het
silhouet dat daar midden op straat staat.
Het is mijn vroegere buurvrouw in de blauwe
regenjas die ze zo rond 1962 bij C&A heeft
gekocht.
'Dag buurvrouw', zeg ik.
Ze kijkt op.
'Zullen we maar naar de kant gaan?', stel ik
voor.
Ze knikt.
'Dag buurman', zegt ze als we op de stoep
staan.
'Hoe gaat het?', vraag ik.
Ze kijkt naar de bruine envelop die ze in haar
linkerhand heeft.
'Ik kom net van de dokter. Ik heb de foto
meegekregen.'
Ze maakt de envelop open.

'De dokter zegt dat die grijze vlekken op de foto de plekken zijn waar mijn geheugen aangetast is.'
Ze houdt de foto omhoog.
'Ik moet nu naar de specialist. Ziet u die gaten? Die zitten in mijn hoofd. Nu kan ik de verhuizing naar Bloemendaal wel vergeten. Daar willen ze me niet meer.'
'Hebben ze dat gezegd?', vraag ik.
'Nee, maar dat kun je wel raden. Nou hoef ik daar toch niet meer naartoe, hoor. Dat wilde ik omdat een vriendin van me er woonde. Die is een maand geleden overleden. Zomaar.'
'Ach', zeg ik, 'dat is ook wat.'
Buurvrouw schudt haar hoofd.
'Nu willen ze me naar een verzorgingshuis hebben.'
Ze stopt de foto terug.
'Misschien is het ook maar beter dat je alles vergeet', zegt ze, 'maak je je ook geen zorgen meer.'
Ik zie het voordeel. Toch ga ik op zoek naar goedbedoelde woorden.
Buurvrouw is me voor. 'De dokter vindt dat ik zo niet mag denken. Ik moet positief blijven. Maar toen ik zei dat dat nu net in zo'n gat zat, zei ie niks meer.'